Charlotte Saintonge

Oser se dire!

Charlotte Saintonge

Oser se dire!

Le choix de s'affirmer dans sa différence afin d'être en congruence avec soi

Bloggingbooks

Impressum / Mentions légales
Bibliografische Information der Deutschen Nationalbibliothek: Die Deutsche Nationalbibliothek verzeichnet diese Publikation in der Deutschen Nationalbibliografie; detaillierte bibliografische Daten sind im Internet über http://dnb.d-nb.de abrufbar.
Alle in diesem Buch genannten Marken und Produktnamen unterliegen warenzeichen-, marken- oder patentrechtlichem Schutz bzw. sind Warenzeichen oder eingetragene Warenzeichen der jeweiligen Inhaber. Die Wiedergabe von Marken, Produktnamen, Gebrauchsnamen, Handelsnamen, Warenbezeichnungen u.s.w. in diesem Werk berechtigt auch ohne besondere Kennzeichnung nicht zu der Annahme, dass solche Namen im Sinne der Warenzeichen- und Markenschutzgesetzgebung als frei zu betrachten wären und daher von jedermann benutzt werden dürften.

Information bibliographique publiée par la Deutsche Nationalbibliothek: La Deutsche Nationalbibliothek inscrit cette publication à la Deutsche Nationalbibliografie; des données bibliographiques détaillées sont disponibles sur internet à l'adresse http://dnb.d-nb.de.
Toutes marques et noms de produits mentionnés dans ce livre demeurent sous la protection des marques, des marques déposées et des brevets, et sont des marques ou des marques déposées de leurs détenteurs respectifs. L'utilisation des marques, noms de produits, noms communs, noms commerciaux, descriptions de produits, etc, même sans qu'ils soient mentionnés de façon particulière dans ce livre ne signifie en aucune façon que ces noms peuvent être utilisés sans restriction à l'égard de la législation pour la protection des marques et des marques déposées et pourraient donc être utilisés par quiconque.

Coverbild / Photo de couverture: www.ingimage.com

Verlag / Editeur:
Bloggingbooks
ist ein Imprint der / est une marque déposée de
AV Akademikerverlag GmbH & Co. KG
Heinrich-Böcking-Str. 6-8, 66121 Saarbrücken, Deutschland / Germany
Email: info@bloggingbooks.de

Herstellung: siehe letzte Seite /
Impression: voir la dernière page
ISBN: 978-3-8417-7134-6

Copyright / Droit d'auteur © 2013 AV Akademikerverlag GmbH & Co. KG
Alle Rechte vorbehalten. / Tous droits réservés. Saarbrücken 2013

Osez être!

Le blog de l'épanouissance, de la liberté d'être...

Ce que vous choisissez de vivre. Pour certains, la démarche est limpide. Pour d'autres, elle est plus hasardeuse, voilée de tant de croyances négatives, de doutes et de peurs...même les rêves se sont tus!

Regardez où vous en êtes maintenant, et considérez où vous voulez aller. Laissez les images monter et autorisez-vous à les ressentir. Votre vision doit englober tous les domaines de votre vie, qu'ils soient professionnel, financier, familial, amoureux, vos loisirs, votre état de santé..

Demandez-vous 'Pourquoi' vous voulez procéder à des ajustements.

Quel avantage en tirerez-vous?

Quelle personne serez-vous?

Lorsque cette vision sera définie, vous pourrez alors vous demander 'Comment' vous allez procéder. Restera alors à déterminer les étapes nécessaires. La vie est un passionnant voyage; mais il en est de plus interessants que d'autres!

Il en est de plus enrichissants que d'autres...

Choisisssez votre destination en fonction de vos attentes.

Réussir sa vie!...

Qu'est-ce qu'une vie réussie selon vous?

La réponse à cette question est fondamentale, dans la mesure où votre définition va influencer toutes les décisions que vous prendrez dans votre vie. Que votre réponse concerne la sécurité matérielle, les besoins de reconnaissance ou les désirs de réalisation de soi, elle révélera quelle est votre raison d'Être...

Si vous souhaitez approfondir votre questionnement, amusez-vous à déterminer le but de votre existence. Peut -être vous aidera-t'il à mieux vous définir....A quel moment, dans quelle activité, vous sentez-vous le plus intensément vivant?

Quelle est votre notion du temps, lorsque vous l'exercez?

Eprouvez-vous le sentiment de vous épanouir , lorsque vous la pratiquez?

Avez-vous le sentiment que votre action contribue au mieux-être des personnes de votre entourage?

Une vie réussie est une vie que l'on a choisie de vivre, en réalisant l'être que nous sommes. C'est se sentir en cohérence avec ses valeurs.

C'est se réaliser en donnant sens à votre vie. C'est mettre plus de soi dans son présent.. Comme le parfum de votre âme...

Exprimez qui vous êtes!

"Si on attend demain pour être heureux, on ne le sera jamais."
~Alexandre Jollien~

- Avez-vous l'impression d'être pris au piège des circonstances, -que votre vie vous échappe, ne vous appartient plus vraiment?

-Que vous êtes cadré dans un schéma qui ne vous appartient pas ou ne vous correspond plus?

-Que vous étouffez dans un moule trop petit pour vous?

-Que l'étiquette que l'on vous impose (afin de tenir le rôle que votre entourage attend de vous) vous démange, vous diminue?

La petite flamme qui brille au fond de vous, peut toujours se rallumer...il lui suffit d'être attisé par votre souffle de vie.

Ne vous comparez jamais à qui que ce soit! Nous sommes tous uniques, et à ce titre, riches de tous nos potentiels, de tous nos talents...même de ceux laissées en jachère, puis oubliés, notre société privilégiant les critères de rentabilité, de sécurité, à la créativité par exemple.

Vos émotions vous parlent constamment de la personne que vous êtes au fond de vous: écoutez vos colères.
Coulez vos larmes d'amertume.

Frissonez vos émotions et entendez leur langage indicible pour le mental.

Elles vous guident vers votre étoile du berger; elles savent ce qui est bon pour vous, ce qui vous fait sens.

Choisissez les sentiments guidant votre vie pour le meilleur de vous, non pour votre ego, mais pour votre âme.

Ne vous limitez pas par peur d'étendre vos ailes.

Oui, elles prennent de la place, oui elles ont une belle envergure, celle qui permet d'aller loin.

Soyez vous-même, riche de qui vous êtes, lorsque vous vous laissez aller à exprimer votre trésor caché au fond de vous.

Quel est votre trésor caché?

Le livre de notre vie

Notre vie est comme un livre avec une introduction et un épilogue. Tout notre cheminement depuis notre naissance construit l'histoire.

Un récit passionnant, inédit et original, car soumis à notre libre-arbitre, nos choix ayant déterminé notre parcours...

Nous sommes l'auteur de notre vie, qu'elle nous sourit, ou nous fasse de l'ombre.

Pas de page blanche, mais des chapitres qui se succèdent...

Que vous suggère cette illustration? Que vous dit-elle?

Comment la ressentez-vous?

Il reste encore beaucoup de pages à lire....qu'aimeriez-vous lire de votre vie?

Quelle en serait la conclusion?

Amusez-vous à imaginer votre scénario de vie idéal, exprimez vos rêves...

Ouvrez-vous à l'inédit...

Offrez-vous le droit de créer ce qui vous semble le meilleur de votre vie.

L'envol!

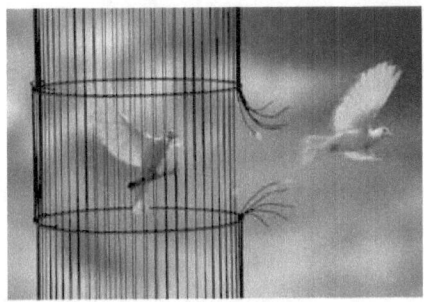

Vous sentez-vous parfois captif, aspirant à l'envol, mais prisonnier d'un passé trop lourd, d'un présent sécurisant mais désanchanté...

La cage est d'or, la pitance à heures fixes.

Parfois, on ne souffre pas de cette captivité, pensant qu'elle est dans l'ordre immuable des choses.

La porte serait ouverte...qu'elle ne serait pas franchie!

Parfois, le regard s'échappe vers une échappée belle, nous semblant trop belle pour la vivre. Alors, nous baissons les yeux, et passons à autre chose.

Derrière nos paupières closes, la lumière s'est assombrie puis éteinte.

Parfois, l'oeil souffre de ce manque d'espace, et un jour l'élan sera plus fort que la peur, et les barreaux seront défoncés!

Vous reconnaissez-vous danc ce portrait?

Vous sentez-vous une envie d'envol si forte qu'il est temps de l'exaucer?

Juste une petite résistance demeure, vous ancrant à la terre...

Cette résistance provient de nos croyances héritées de notre contexte, de notre besoin de sécurité aussi.

Alors, on se crée des obligations pour justifier son immobilisme...

Il vous appartient de choisir ce qui vous vibre, ce qui vous rend la vie belle à vivre.

Il suffit parfois, de si peu... pour passer à côté de sa vie et marcher à l'ombre de ses pas.

Il suffit parfois d'une écoute, d'un éclairage nouveau pour se voir vivre sa vie autrement...et la vivre!

"Il n'y a qu'une chose qui puisse rendre le rêve impossible, c'est la peur d'échouer."

~Paulo Coelho~

Vous accompagner dans cette perspective, si les doutes vous amoindrissent...

Se ressourcer...

Il est des moments de peu, où se relier à ce qui nous fait bon est un ressourcement.

Certains les appelleront des vitamines mentales, d'autres des amplificateurs d'énergie...

Amusez-vous à lister ces nourritures du corps et de l'esprit.

Que votre liste soit bien longue!

Qu'elle soit éclectique!

Qu'elle vous suggère des moments privilégiés où vous vous sentez heureusement bien!

Voici le tout début de la mienne pour vous donner le ton...Assister à un lever de soleil en buvant le thé...Promener dans des jardins inspirants... Savourer un livre au chaud lorsqu'il fait froid dehors... Allumer des bougies partout la nuit tombée et apprécier la magie du moment.. Faire des câlins...Se créer des moments inédits avec son amoureux...etc...

Les jours où vous sentirez maussade, relisez-là ... et choisissez-vous le moment qui vous semble lumineux à vivre!

Inviter le bonheur!

Il m'arrive parfois de croiser des personnes qui semblent éteintes, tant leur regard s'endort, même en état de veille.

Elles parlent désenchantées, comme en retrait de la vie. Leur amertume est prégnante, et si vous ne prenez garde, elles vous engluent dans leurs marasmes.

L'étincelle semble les avoir désertées...

J'ai peine à les voir, à les aider, lorsqu'elles sollicitent ma présence.

Alors, je cherche en elles quelques tisons qui ne demanderaient qu'à s'attiser.

Je cherche ce qui les fait vibrer, les met en vie.

Et tout à coup, leurs yeux s'allument, le rose monte aux joues, la voix s'anime.

L'effet est magique!

Je les fais développer, nourrir le propos...elles partent sur leur lancée, je laisse faire, écoute. Puis tout à coup, elles se taisent, comme un peu gênées de s'être ainsi livrées; alors, je les rassure, les remercie de ces moments de partage, de la confiance qu'elles me font pour me donner le meilleur d'elle-mêmes.

Je leur dis aussi combien ce qu'elles aiment est beau, au point que toute leur vie s'en éclaire.

Et nous sommes plus ou moins tous ainsi: lorsque nous aimons quelque chose, lorsque nous aimons d'amour quelqu'un, notre vie entière s'allume, s'illumine d'une grâce radieuse.

Nous sommes alors habités par une vibration qui nous donne la vitalité, l'élan, l'enthousiasme.

Pour atteindre une cible, il faut déja l'avoir fixée avant d'juster son tir.

Si vous désirez vivre en accord avec vous, si vous voulez vous sentir frétillants de vie, pensez à vous relier à tout ce qui vous fait sens!

Créez-vous des albums de petits et grands bonheurs : constituez une mosaïque d'images, de tout ce qui vous fait plaisir, de tout ce qui vous passionne, de tous les rêves qui vous étoilent,.de tout ce que vous aimez faire.

Lorsque vous avez un moment de blues, les regarder vous reconnecte à vous-même, vous relie à ce qui vous fait sens.

Il vous appartient de les faire vivre à votre guise.

Juste vous engager dans ce choix.

Lorsque l'en vie crée nos envies...

Notre vitalité crée un magnifique sentiment de vie, une sève généreuse engendrant des envies multiples et variées.

Seulement voilà....Combien d'entre elles voient le jour, faute d'avoir été fécondées par la confiance?

Bien souvent, on ne croit pas en ce que l'on veut, ne nous l'accordant pas!

Le jour où nous nous autorisons enfin à être, nous prenons alors notre place et osons donner vie à nos envies...

Nous avons tous les potentiels pour réaliser nos rêves dès que l'on OSE y croire!

L'envie est l'étoile du berger, le guide de lumière...

Elle sait qu'elle ouvre à tous les possibles!

Donnez-vous la permission de vivre le meilleur...Sur le même thème: Atteindre son étoile... Exprimez qui vous êtes!

Allumer sa lumière! ...

Atteindre son étoile...

Bien souvent lors d'échanges, j'entends des phrases de contes de fées...!

Des phrases qui émettent des souhaits...des résolutions aussi... mais pas souvent d'engagements!

Je ne sais pas vous, mais moi je n'ai jamais vu personne aboutir en quoi que ce soit sans le vouloir et s'engager dans une démarche active.

Un souhait est un désir traduisant un besoin.

-Avez-vous décelé les besoins qui se cachaient derrière vos désirs?

- Que vous disent-ils?

Un engagement est un contrat que l'on se fait d'atteindre son objectif.

-Avez-vous planifié votre objectif en temps et en actions ?

Il est bon d'avoir des objectifs, mais rien ne se passera si on ne s'engage pas dans une liste d'actions à effectuer!

Un pas à pas régulier enclenchant l'action suivante...

Afin de soutenir ce programme, demandez-vous pourquoi vous désirez si fort aboutir dans votre objectif...Votre liste peut être longue!

Réfléchissez.. .Afin de nourrir votre motivation, n'hésitez pas à relire cette liste tous les matins!

Je vous souhaite le meilleur de tous vos souhaits à vivre!

Être heureux...

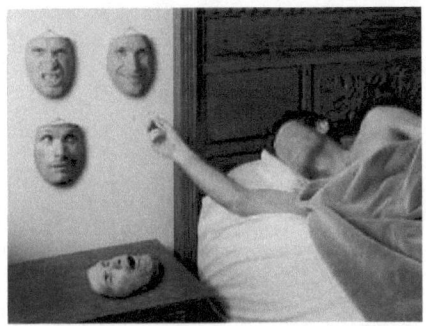

Être heureux est une disposition de l'esprit à se trouver bien ici et maintenant.

Cet état d'esprit devient un apprentissage dès lors que notre mental discute!

L'humain adulte a une certaine propension à être naturellement mécontent et à geindre de tout et de rien.

Le jeune enfant, au contraire se rit de la pluie et de la gadoue!

Aurions-nous perdu cette légèreté au fil des ans, voyant d'abord les contraintes avant les petits bonheurs?

Ce n'est pas tant ce que nous vivons qui nous rend heureux ou malheureux, mais la façon dont nous allons le vivre...

Toutefois, il nous est toujours possible de choisir le contenu de nos pensées et de les préférer colorées et réjouissantes, plutôt que moroses et renfrognées!

Voici un check list à appliquer chaque matin, au lever qui vous donnera du sourire au coeur:

.que souhaitez-vous vivre aujourd'hui?

.Quelle humeur choisissez-vous d'avoir?

.Quelle action positive allez-vous entreprendre?

Lorsque nos pensées sont inspirées par l'amour, le coeur s'ouvre et les émotions sourient..

.Il nous appartient d'orienter nos pensées selon ce que nous aimerions vivre.

Choisissons le meilleur et rayonnons cette joie de vie autour de nous!

Vivre, c'est créer!

Faire tous les jours un pas vers soi, afin de retrouver son essence, donne à la vie un sentiment de plénitude.

En mettant de la lumière à nos couleurs, on se donne renaissance et épanouissance.

"Dans chaque enfant, il y a un artiste. Le problème est de savoir comment rester un artiste en grandissant."
~Pablo Picasso~

Aller à la rencontre de soi est la plus belle oeuvre que l'on puisse s'offrir afin de vivre heureusement la vie.

Offrez-vous de temps à autre une pause au coeur de vous et recentrez-vous sur vos Essentiels.

Choisissez des mots qui vous interpellent en ce moment... faites-vous une petite liste inspirante...

Cueillez-en un et faites un tableau de ce mot, avec toutes les images qui vous viennent!

Qu'elles soient dessins, collages, photos, citations, laissez-vous inspirer et dire!

"Aujourd'hui, je choisis de briller mon étoile" pourrait être le titre de mon illustration. Et "choisir" le mot cueilli... Et le vôtre, quel serait-il?

Le sentiment de bonheur...

"Quelle vie merveilleuse fut la mienne. Si seulement, je m'en étais rendue compte plus tôt! "

~**Colette**~

C'est en posant les mots sur une situation qu'elle prend alors tout son sens...

C'est en y pensant qu'elle prend forme.

Vous êtes-vous déja demandé ce que vous attendiez de la vie?

Le plus beau des désirs porte le nom de "bonheur"...

A lui seul, il traduit tous les états de conscience du désir...

Vous êtes-vous déja demandé ce que vous aimeriez vivre qui vous rendrait tout simplement heureux?

Cette question m'omnubila pendant toute mon adolescence...sourire!

J'ai donc pris le temps et le recul pour y songer longuement!

Ma réponse fut cependant la même...

Être bien là où je suis, en accord avec mes valeurs!

C'est ce sentiment de reliance à moi-même qui me rend intensément heureuse!

Avez-vous le sentiment de vivre la vie qui vous convient, en phase avec vos valeurs?

Vivez-vous une vie qui vous fait sens, vous exprime?

Qu'avez-vous envie de "faire" pour enfin "être"?

Qu'avez-vous envie de faire aujourd'hui qui vous donne un sentiment de plénitude?

Il faut juste un petit supplément d'âme à nos actions les plus ténues pour que celles-ci s'exaltent et nous émerveillent de les vivre...

Faites silence et entendez-vous dans votre besoin de congruence!

Faire de sa vie une oeuvre d'amour...

Nous naissons tous avec les graines de tous les possibles semées en nous.

Il nous appartient de choisir celles que l'on veut voir fleurir afin de nous réaliser et de faire de notre vie une oeuvre d'amour.

Une oeuvre de vie...notre oeuvre!

Nous oublions souvent qu'il nous appartient de choisir ce qui nous fait sens, et de nous donner réponse!

"Liberté signifie responsabilité. C'est pourquoi la plupart des hommes la craignent."

~Georges Bernard Shaw~

Nous sommes le propriétaire de notre vie et il nous revient de choisir comment l'aménager.

Non pas de la façon qui satisferait les attentes de nos proches, mais en regard à ce qui nous fait sens, à ce qui parle à notre âme... à ce qui nous expanse!

Prenez la responsabilité de vous rendre heureux et d'exprimer l'être qui sommeille en vous.

Nous nous réalisons souvent en fonction de nos manques;

Créer sa vie, c'est réaliser que rien ne nous est imposé et que nous pouvons transformer ce qui est!

Notre épanouissement naît de ce dépassement de soi.

Identifiez votre graine du possible dans votre envie refoulée, votre rêve endormi, votre plainte récurrente, votre regret inavoué.

Je vous accompagne dans votre engagement à la cultiver, à la faire germer puis fleurir....

Devenez maître de votre destinée en exprimant votre moi authentique!

Prendre son pouls!

Vous êtes-vous demandé ce qui vous habitait le plus souvent?

Il suffit juste d'observer la récurrence de vos pensées et de vos émotions pour en prendre la teneur...

En prenant contact avec ce qui nous habite, nous rencontrons l'être que nous sommes, celui qui cherche à combler nos manques en nous créant des besoins factices dissimulant nos vrais besoins.

Ecoutons-nous et entendons nos dissonances, comme notre harmonie.

Que ces fausses notes nous interpellent suffisamment pour mesurer l'ampleur du vide qui nous habite parfois...

Offrez-vous ce coeur à coeur avec vous: quelles sont les pensées qui vous habitent en ce moment? Que vous disent-elles sur votre état?

« Nous sommes ce que nous pensons. Tout ce que nous sommes résulte de nos pensés. Avec nos pensées, nous bâtissons notre monde »
                                                              ~Bouddha~

Je vous souhaite des pensées nourries d'amour et de coeur...

Qui êtes-vous vraiment?

Qui êtes-vous?

Que répondez-vous lorsque l'on vous pose cette question?

Certains me répondent: "médecin" ou "avocat" et je souris... Confusion entre Être et faire!

Sommes-nous toujours ce que nous faisons?

Pas toujours...

Pourriez-vous me dire qui vous êtes, indépendemment de votre statut social?

Savoir qui vous êtes vraiment, c'est savoir ce qui est important pour vous, quelles sont les valeurs qui vous animent, quelle est votre philosophie de vie?
Ne pas savoir qui l'on est vraiment, c'est marcher dans son ombre et juste tenir des rôles selon les contextes que nous vivons.

Savoir qui l'on est vraiment, c'est s'unifier et se centrer, toujours relié à ses essentiels.

Alors, réfléchissez:

-Quelles sont les valeurs qui vous animent, représentant votre idendité?

-Quelles sont les passions que vous souhaitez nourrir en qualité?

-Quel est le rêve qui vous vibre, ne demandant que votre aval pour se vivre?

-Qu'aimeriez-vous Faire afin d'Être totalement la personne que vous voulez incarner?

Oser aller vers soi...

"Ose devenir qui tu es...Sache te redire sans cesse: il ne tient qu'à moi."

~André Gide~

Ces quelques mots ont une résonance profonde en moi...Et vous, comment vous parlent-t'ils?

Puissent-ils vous donner l'impulsion d'aller vers vous et de vous rencontrer!

Que cet élan soit bienveillant, non dans le jugement!

Ne cherchez pas à vous fondre dans le conformisme ambiant, à vous mouler aux attentes des uns et des autres, afin de vous faire aimer!

Exprimez qui vous êtes, au-delà de vos apparences et de vos cadres sociaux.

Osez-vous dire...osez Être!

S'ouvrir au renouveau...

"Si vous faites ce que vous avez toujours fait, ne vous étonnez pas d'obtenir ce que vous avez toujours obtenu."

~Albert Einstein~

Nos interprétations naissent dans la croyance que nos convictions sont des vérités absolues! Lorsque nous changeons nos croyances, se modifie alors notre réalité...

Tout est question d'interprétation: un autre regard modifie notre perception. De cette nouvelle vision naîtra une nouvelle approche de la vie .Quelle croyance limitante allez-vous revisiter aujourd'hui afin de vous expanser?

Lorsqu'une expérience se présente à nous, nous avons toujours le choix de l'accueillir favorablement ou négativement.

De pressentir son aspect évolutif, ou de suivre ses habitudes qui sont des repères. Quel regard allez-vous poser sur votre réalité?

Un regard critique ou un regard avenant?

Choisir son regard, c'est choisir sa réalité... son attitude envers la vie....Quelle stratégie allez-vous adopter afin de vous sentir en harmonie avec vous, avec votre environnement?

Choisir sa réalité en dehors des repères familiers, c'est choisir de se faire confiance, d'être à l'écoute de sa petite voix qui sait l'indicible de nous...

C'est aussi savoir que nous sommes sur terre afin d'accomplir notre mission de vie en relevant les défis qui se présentent à nous comme autant d'apprentis-sages, afin de nourrir notre état de conscience supérieur.

Quelle réalité souhaitez-vous créer, partager afin d'essaimer votre rayonnement?

Je vous souhaite un présent divinement rayonnant !

"Exister, c'est oser se jeter dans le monde."

~Simone de Beauvoir~

Prendre rendez-vous avec soi...

Vous êtes-vous déjà posé quelques questions essentielles à l'harmonie?

Posez-vous un moment, et demandez-vous...

-Où en suis-je dans ma vie?

.Est-ce qu'elle correspond à mes valeurs?

.Est-ce qu'elle exprime qui je suis?

.Est-ce qu'elle m'exalte?

.Répond-elle à mes besoins?

.Nourrit-elle mes envies?

.Est-ce que je ressens du plaisir à la vivre?

.Que puis-je changer dans ma vie, afin de la vivre en congruence avec moi?

Selon vos réponses, d'autres naitront afin de vous relier à ce qui vous fait sens, celles qui épanouiront votre liberté d'Être.

Nous sommes tous en devenir de qui nous sommes...

"Traitez les gens comme s'ils étaient ce qu'ils pourraient être et vous les aiderez à devenir ce qu'ils sont capables d'être."

~Goethe~

Le plus beau présent que vous puissiez faire à votre entourage est de leur faire confiance, sans leur demander de prouver quoi que ce soit.

Vous leur offrez juste la perspective de se dépasser en leur donnant votre bénédiction.

Vous ouvrez le champ des potentiels, semez la graine et vous laissez l'autre l'arroser! Sans attente, dans un lâcher-prise total.

Lorsque vous autorisez quelqu'un à exprimer son potentiel de talents souvent méconnus, vous lui ouvrez la possibilité d'aller au-delà des croyances qu'il avait de lui-même, des limites qu'il s'était créés.
Toute évolution est fondée sur la confiance accordée.

Les pas sont parfois timides sur ce chemin aventureux et inconnu...puis un jour, il devient piste d'envol vers le meilleur de l'autre!

S'autoriser à oser!

Vous est-il arrivé de refouler en vous un désir puissant par peur de l'échec?

Cette peur nous lancine au point de nous paralyser, de tuer des désirs exprimant le meilleur de nous.

Autorisons-nous à rencontrer des échecs qui seront des apprentissages!

Donnons-nous la permission de vivre ce qui nous semble essentiel. S'autoriser l'échec, c'est ouvrir la porte à la réussite.

Quel que soit l'aboutissement, ne vous jugez pas, mais accueillez le courage d'avoir suivi votre étoile. Souriez de fierté d'avoir su vous entendre!

Ne vous regardez pas du regard oblique de ceux qui ne tentent rien!

De ceux qui marchent à l'ombre d'eux-mêmes... Aimez-vous assez afin de vous faire confiance!

Faire son miel d'une douleur...

"L'expérience, ce n'est pas ce qui arrive à quelqu'un, c'est ce que quelqu'un fait avec ce qui lui arrive."

~Aldous Huxley~

Nous avons tous, un jour ou l'autre vécu une expérience difficile dont l'âpreté nous a courbés jusqu'à terre avnt de nous révéler une force en nous qui nous a fait relever le front, puis le corps!

Il est toujours possible d'extraire une lumière, une chance, d' un évènement obscur: la manière dont nous allons l'accueillir, l' interpréter, le relier à l'ensemble de notre vécu, lui donner un sens modifiera en tout notre parcours!

Du même évènement peut naître une fêlure, ou un envol... un sanglot ou une renaissance!

Tout est question de regard, de perspectives. Rappelez-vous un évènement douloureux qui vous fut une révélation, une porte ouverte à deux battants... une chrysalide en devenir!

Le poids des influences!

Avez-vous évalué le poids de l'influence de vos proches sur vos pensées, sur vos actions? Réfléchissez avant de poursuivre votre lecture...

-Avez-vous épousé la personne dont l'âme vous exalte?

-Avez-vous fait les études de vos rêves?

-Exercez-vous le métier qui vous corresponde?

Quelles sont les croyances qui ont orientées votre choix, pesées sur votre décision?

Et si c'était à refaire, agiriez-vous de la même façon?

Combien parmi nous mettent leurs pas dans les traces dans celles qui sont déjà tracées?

Combien parmi nous marchent dans leur ombre de n'avoir pas su trouver leur chemin?

En conscientisant cette influence née de nos croyances familiales et culturelles, il nous est possible de prendre la distance nécessaire afin de s'écouter et de s'entendre, de prendre sa place et de ne pas s'oublier en route.

Ne tenons pas les autres responsables de nos choix malheureux;, comprendre que c'est Nous qui leur donnons trop de place dans nos vies, trop de pouvoir!

En reprenant notre autonomie, nous nous souhaitons enfin la bienvenue sur notre chemin de vie...

Avoir, Faire...Être

Vous êtes-vous demandé dernièrement quel était le but de votre vie? Beaucoup me répondront: avoir plus d'argent!

Et vous me direz tout ce que vous voulez faire ou avoir avec cet argent. Cela vous suffit-il vraiment pour vous combler durablement?

Probablement non!

Car au-delà du Faire et de l'Avoir, l'âme n'est pas comblée...

Quel est votre besoin d'Être à combler? Curieusement, lorsque vous vous donnerez réponse, vous n'aurez plus les mêmes besoins de Faire et d'Avoir!

Car tout commence par l'être....et nous croyons le contraire!

Demain sera notre oeuvre à créer!

"On devrait toujours se voir comme des gens qui vont mourir le lendemain. C'est ce temps que l'on croit avoir devant soi qui nous tue."

~Elsa Triolet~

Notre inconscience est de vivre comme si nous avions un crédit temps infini sur terre. Nous ignorons juste de quoi demain sera fait, mais nous le vivons comme s'il était la réplique dupliquée d'aujourd'hui.

Demain sera cependant notre oeuvre et notre talent à le créer... éventuellement différent.

Envisagez-vous qu'il puisse vous exprimer et correspondre à vos désirs?

Quelques réflexions peuvent amener à créer des lendemain dont vous êtes acteur, réalisateur:

-Quels sont les rêves de votre vie auxquels vous avez renoncés, par manque de convictions?

-Les mettriez-vous en vie, si vous n'aviez pas peur de l'échec?

Notre vie est notre oeuvre à créer au jour le jour... Donnons-lui le sens sacré qui lui appartient.

Notre complétude est notre bien le plus précieux.

Croire en ses rêves!

Nos rêves sont la plus magnifique projection de vie que nous puissions nous offrir. Ils ne naissent pas impunément. Ils nous correspondent, traduisant un besoin à combler positivement en nous.

Lorsque l'on abandonne son rêve, on s'abandonne quelque part, laissant s'éteindre la plus belle idée que l'on a de soi afin de s'épanouir!

Abandonner son rêve, c'est le contempler sans y croire, sans s'impliquer dans le voyage de tous ces pas qui le mettront en vie. Il n'arrive de belles choses qu'à ceux qui croient suffisemment en eux pour relever le défi de leurs peurs.

N'attendons pas de nos proches qu'ils nous soutiennent et nous encouragent: ils ont leurs propres rêves à vivre!

Leurs propres peurs à rencontrer, à dépasser!

Je vous accompagne dans votre objectif à réaliser: n'ayez pas peur de dépasser vos limites présumées...

Seul le premier pas vous inquiète, les autres vous grisent...

Mettre en vie ses rêves!

"La liberté ignore les serrures du temps et de l'espace., Pour traverser les murs, il suffit d'ouvrir les portes, ouvrir les ailes, ouvrir les rêves."
                                                                                                  ~Jacques Savoie~

La liberté de penser s'affranchit du passé dès lors qu'il est accepté, intégré dans le chemin de vie, tel un parcours initiatique.

En se libérant du poids du passé, on peut enfin se relier à son présent et le vivre pleinement. Et de ce présent, donner à ses rêves l'envol afin de s'exprimer dans le futur.

Ouvrir les rêves, c'est donner à sa vie un supplément d'âme.

Je vous accompagne dans ce cheminement, de l'accueil du rêve à sa réalisation.

Offrez-vous cette reliance qui donne un goût d'amour à votre présent!

Votre vie, telle un jardin...

Imaginez-vous jardinier de votre vie... Vous possédez deux sacs de graines à semer:

Dans l'un, les graines de pensées négatives, dans l'autre, les graines de bonheur potentiel.

Lorsque vos pensées sont reliées à l'amour, vous semez de magnifiques graines!

Comment imaginez-vous votre jardin: avec des pissenlits? Rire! Ou fleuri de de pivoines joliment épanouies, de roses merveilleusement parfumées...

Regardez votre vie: elle est à l'image de vos pensées!

Pensez à semer des graines de confiance, de tendresse, d'amour...elles parfument si divinement la vie!

Vivez ce qui vous vibre!

Que feriez-vous demain si vous gagniez au loto?

J'aime bien poser cette question, car elle en dit long sur les personnes et leurs besoins exprimés dans leurs désirs.

Si vous répondez que vous aurez à peu de choses près, la même vie, avec les mêmes personnes, je penserai que vous êtes un bienheureux, ayant entendu sa sagesse, et ayant exprimé votre vision de la vie.

Si ce n'est pas encore le cas, qu'attendez-vous pour faire le premier pas qui tracera votre chemin de joie?

Ce premier pas ne coûte rien, si ce n'est vous croire capable de vivre votre rêve, de vous autoriser à le réaliser, de dépasser les croyances qui vous limitent.

La première de ces croyances, n'est-elle pas de penser que tout s'édifie à partir de l'argent?

Tout se construit d'abord en esprit! Pas après pas! Quel serait votre premier pas? Quel sera votre premier pas?

N'attendez pas d'avoir soixante dix ans et de vivre de regrets... Je vous accompagne dans votre perspective afin d'en faire un projet de vie.

Quelle est votre raison d'Être?

.Vous êtes -vous demandé dernièrement quel genre de vie vous voulez vivre?

.Votre vie correspond-elle à vos aspirations?

. A votre philosophie?

. Êtes-vous fidèle à vous-même?

. Votre vie correspond-elle à votre raison d'Être?

Il est toujours possible de consacrer de son temps, de ses talents pour une cause qui nous semble juste, pour des perspectives qui nous donnent l'en Vie...

Avoir une raison de vivre, c'est avoir une muse... une inspiration vivante!

.Vivez-vous pleinement votre vie?

.Qu'est-ce qu'une raison de vivre signifiante pour vous, selon vos valeurs?

Écrivez une phrase qui affirme l'essence de ce qu'elle doit être, et répétez-là chaque jour comme un mantra: elle donnera à votre présent un supplément d'âme.

La vie est un jardin que l'on cultive chaque jour, dont on choisit les fleurs...

Si vous éprouvez le désir de clarifier votre raison d'être et de vivre, je vous accompagne avec bonheur dans votre démarche!

Comment vous sentez-vous?

Une phrase que je dis souvent à mes proches...Et vous, comment vous sentez-vous présentement?

Si vous sous sentez mi-figue, mi raisin, centrez-vous sur vos émotions, vos ressentis: qu'expriment-ils?

Fermez les yeux et laissez venir les sensations naturellement:

-Quelles images voyez-vous?

-Quels mots vous viennent à l'esprit pour qualifier votre sensation?

-Quelle couleur a votre sensation?

-Surprenez-vous -vous à fredonner quelques notes de musique vous venant inconsciemment?

-Comment interprétez-vous cet air?

-Et si vous dessiniez votre sensation...

Derrière tous ces modes d'expression, une symbolique apparaît:

-quel message vous dit-il?

Cet exercice permet de clarifier vos émotions, de libérer et lâcher des sentiments.

Il traduit concrètement vos ressentis, vous permettant une lecture moins émotionnelle de l'évènement qui vous bouleverse.

Dans toute émotion, resurgissent des douleurs du passé, des blessures d'abandon ou de trahison...

-Qu'apprenez-vous de l'histoire de votre vie?

-Quels changements pouvez-vous apporter à votre futur immédiat?

-Quelles mesures devez-vous prendre afin de mettre en oeuvre ces changements?

N'oubliez pas que votre sagesse est en vous, juste sous votre émotion... l'émotion passe tel un nuage, reste le soleil qui brille éperdument. ☼ ...

De la chrysalide au papillon...

L'estime de soi nait dans la reconnaissance de ses capacités. Pas seulement la capacité à faire, mais surtout la capacité à Être.

La personne que nous sommes dans toutes nos formes d'expression... dans toutes les réponses que nous nous donnons. Nous devenons alors notre Force en mouvement!

Celle qui nous guide dans nos pas à pas incertains.

Celle qui nous soutient dans nos moments de doute.

Celle qui nous dirige vers notre chemin.

Celle sur laquelle nous nous appuyons afin d'évaluer nos besoins.

Dès lors que nos forces sont nos atouts, ils deviennent notre lumière, éclairant notre chemin de vie.

-Prenez le temps de lister les atouts singuliers qui créent votre valeur: ce ne sont pas seulement vos qualités reconnues, certains de vos défauts étant des qualités dans certains contextes...

Lorsque cette force en nous nous vibre, nous habite, de chrysalide, nous devenons papillon.

Comment vous voyez-vous?

"Peu importe le degré de votre intelligence, de votre beauté ou de vos talents, vous tendrez à saboter vos propres efforts et à miner vos relations en fonction du degré selon lequel vous doutez de votre valeur."

~Dan Millman~

Quelle perception avez-vous de vous? Comment vous définiriez-vous si je vous demandais de vous présenter? Quelle valeur vous accordez-vous? Sur quels atouts pouvez-vous vous appuyer?

Donnez-vous le temps de réfléchir, de répondre à ces questions...

C'est un peu d'amour que vous vous donnez, lorsque vous vous accordez de l'attention.

Votre liberté est de vous aimer inconditionnellement.

Se fixer des objectifs!

De temps à autre, je propose à mes participants un petit exercice ludique, destiné clarifier les pensées et leur donner une forme.

Certains font des carnets de voyage, d'autres des cahiers d'objectifs!

Sur un cahier, choisissez une à deux pages se faisant face.

Inscrivez la date de création de cette page et la date d'échéance désirée.

Ecrivez en gros le titre incarnant votre rêve à vivre.

Puis illustrez-le de mots , de découpages, de collages, de dessins, de textes, exprimant votre objectif réalisé.

Mettez-y de l'inspiration, de la beauté, et tellement de désirs à le faire naître!

Tout nouveau désir requiert sa page spéciale.

Votre journal de rêves est la plus belle réalisation que vous puissiez mettre en vie!

Exprimez vos désirs à votre guise... et croyez en son aboutissement: votre réussite découlera de votre foi.

Osez vivre le meilleur!

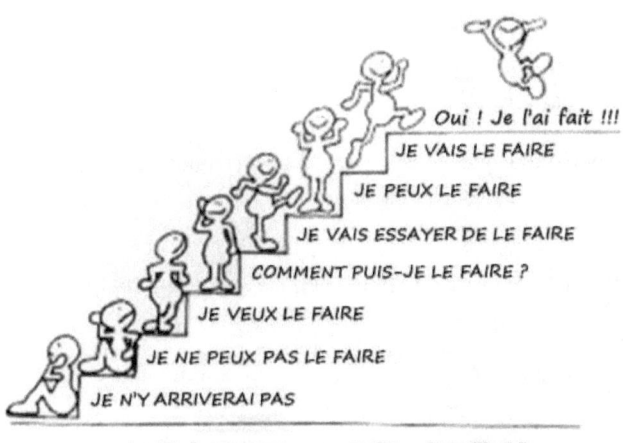

Quelle étape avez-vous atteint aujourd'hui ?

Un rêve, lorsqu'il reste en son état, vit dans son cocon soyeux. Il est une image délicieuse et fugace, brillante comme une étoile lointaine!

Il est sans chair, sans vibrations, juste une émotion de passage.

Un rêve, lorsqu'il se vit, est un sursaut de vie, un chant de l'âme, une couleur ardente qui s'éclaire de tous les déclics qui le mettront en vie.

Pour qu'un rêve vienne au monde, il lui faut de l'engagement...Et notre rêve devient alors un objectif !

Quel engagement avez-vous besoin de prendre afin que votre vie vous ressemble et vous corresponde?

S'engager, c'est décider et vouloir que votre vie change, que vous deveniez la personne que vous voulez être et que vous affirmiez ce choix dans votre quotidien. C'est un pacte que vous signez avec vous...

Bien sûr, certains aléas se présenteront, désireux de vous décourager:

. Toutes les personnes qui vous envient de faire ce qu'ils n'ont pas le courage de faire!

.Tous ceux qui ont peur de sortir de leur zone de sécurité, que l'inconnu effraie, faute de repères!

.Tous ceux qui vous mangent du temps, de l'énergie, vous détournant de votre mission!

-Gardez votre motivation en dressant la liste des 10 Pourquoi vous voulez vous entendre et vous réaliser.

- Pensez à la personne que vous deviendrez et visualisez-vous dans votre objectif atteint.

-Posez le premier pas de votre cheminement, las autres suivront naturellement.

.Quel est le premier pas que vous devez faire afin de faire naître votre objectif?

.De combien de temps aurez-vous besoin?

.Quel sera votre budget à prévoir?....

-Vibrez votre objectif le plus souvent possible, reliez-vous à lui! Ressentez-le!

Si vous avez besoin de vous sentir soutenu, éclairé, je vous accompagne dans votre objectif. Ecrivez-moi une lettre de motivation concernant votre projet, ainsi que les attentes que vous avez de cet accompagnement.

Je serai heureuse de vous montrer le chemin... Il n'y a pas d'inaccessible étoile, il n'y a que le manque de confiance en soi.

Se projeter dans la vie...

Comment vous projetez-vous dans la vie?

Quelle drôle de question, me direz-vous!

Oui, c'est vrai!!! Mais d'importance...

Pensez à la dernière fois où vous vous êtes projeté dans la vie...quelles émotions vous animaient alors?

Etait-ce l'enthousiasme? L'amour? La peur? Le blues?...?

Quelle fut la réponse de votre projection sur l'évènement?

Savez-vous que les émotions qui vous animent laissent une empreinte et déterminent l'avenir que vous vivrez... Déterminent ce que vous serez... plus on projette ses peurs dans la vie, plus on la vit en contrôle, en méfiance, moins on l'accueille en confiance!

On attire alors à soi des personnes vibrant cette anxiété, cette peur, cette raideur nous confortant dans cette émotion.

Cet environnement négatif nourrira de négatif vos croyances, vous confortant dans leur bien-fondé!

Cependant, constatez autour de vous que des personnes plus confiantes ont généré un avenir plus lumineux, en partant parfois de bases plus difficiles que les vôtres...

Entourez-vous de vibrations positives en les cultivant vous-mêmes... créez l'avenir que vous voulez vivre à cette lumière!

Se projeter dans la vie...(2)

Toutes nos émotions projetées dans l'avenir, lui donnent sa couleur, sa lumière...

Si vous vous voyez déjà battue, pourquoi participer?

Vous avez une ombre qui plane sur vous!

Si vous vous imaginez vivre un moment riche, vous le vivrez certainement!

Notre avenir chante en refrain l'air que nous chantonnons... parce qu'il se vit à travers les vibrations que nous émettons, à travers le regard que nous posons sur lui.

Tout dépendra des croyances que nous entretenons.

Tout est incontournable selon l'orientation de notre pensée: nous voyons en fonction de ce que nous croyons!

Aussi souhaitez-vous le meilleur, imaginez-vous dans les meilleures circonstances possibles pour vous, celles qui vous donnent envie de rire, de chanter, de danser, d'aimer, de VIVRE!

L'effet miroir!

~Peinture de Rouli Boua~

Considérons nos rapports avec nos proches, notre relation au monde... Elle nous raconte l'air de rien!

Elle nous dit comment nous envisageons la vie, l'amitié, le respect, l'amour... lle nous dit comment nous nous traitons, comment nous nous aimons... Nous traitons les autres comme nous nous traitons.

Si vous êtes dur avec les autres, vous êtes dur avec vous-même.

Si vous ne vous respectez pas les autres, vous ne vous respectez pas.

Si vous n'acceptez pas les autres tels qu'ils sont, vous ne vous acceptez pas tel que vous êtes.

Si vous n'aimez pas les autres, vous ne vous aimez pas...

Nous avons tellement été en attente de l'amour de l'autre; on nous a tellement conditionné à nous voir "passables"!

Tellement dit que nous pourrions faire mieux, que nous n'étions pas comme nous "devrions" être! C'est se nier et se renier que de vouloir être autre que clui que l'on est.

La plénitude naît de l'acceptation de soi. Acceptez-vous tel que vous êtes, non selon les attentes des autres!

Nous n'avons pas à être quelqu'un d'autre, mais à être soi-même!

Nous n'avons pas à faire ce qui ne nous correspond pas.

Juste se détendre et se respecter dans la personne que nous incarnons.

Juste Être soi, et affirmer ses valeurs.

Juste s'aimer et se faire aimer pour qui nous sommes!

Tellement de "tu devrais..."!

Nous sommes tellement plus que nous le paraissons! A la fois magicien et jongleur, funambule et danseur...! Nous manque juste l'Amour de nous pour nous sublimer.

"Il n'existe que deux chemins: l'un, c'est de te rejetter-ou de te condamner-mais au fond de toi, tu continueras d'être le même, tu seras toujours le même. L'autre, c'est de t'accepter, de lâcher-prise en jubilant, en te réjouissant, et là aussi, tu seras toujours le même. Ton attitude peut être différente, mais au fond de toi, tu seras toujours la personne que tu es. Dès que tu t'acceptes, la plénitude surgit."

~**Osho**~

Votre meilleur ami!

Vous êtes indécis alors qu'un choix est à faire...Vous avez une réponse à donner et vous ne savez pas vous positionner...

Choisissez alors un interlocuteur de confiance, qui vous connait intimement à qui vous exposez votre dilemme!

Soyez ce meilleur ami avec qui vous partagez votre flou.

Que vous répond-il?

Quels sont les arguments qu'il énonce, qui vous parlent bien?

Ceux qui parlent à votre mental ou ceux qui chantent à votre coeur?

Laissez votre émotionnel vous dire, puis ressentez votre émotionnel vous répondre.

Chercher notre lumière dans notre part d'ombre!

Lors de certains accompagnements, il arrive que des personnes aient du mal à se relier à ce qu'elles aiment, ne s'autorisant pas pour moult raisons à le vivre.

Ayant l'art de la pirouette, je prends alors la question à l'envers:

Faites la liste de ce que vous n'aimez pas, pas faire, pas vivre... dans tous les domaines de votre vie!

Le formuler peut parfois permettre une prise de conscience de certains conditionnements, d'habitudes inscrites.

Il est alors possible de se projeter dans un avenir où l'on élimine autant que possible ce qui peut être évité, remplacé, modifié...

Savoir ce que l'on ne veut pas dans sa vie ouvre aussi des perspectives...

C'est également un petit pas vers soi, un pas attentif afin de vous entendre et vous respecter.

Oser le changement!

Le temps délicieux des vacances est à la porte de beaucoup d'entre nous... un interlude où le temps peut s'étirer, le plaisir s'inviter, les pensées se ciseler...

On peut regarder par dessus son épaule et voir nos actions entamées, inachevées... des désirs mus par un élan, leur manquait juste la détermination.

Peut-être votre désir de changement manquait-il de maturité?

Peut-être que votre quête n'était pas assez nourrie pour vouloir changer ce qui ne vous convient plus.

.Si vous n'avez pas la vision claire de ce que vous voulez accomplir, vous ne pouvez vous mobiliser afin d'aller dans le sens de votre objectif.

Peut-être qu'une peur diffuse ou une culpabilité latente vous empêche de clarifier votre perspective?

Peut-être vous dispersez-vous au point de ne plus suivre votre trajectoire?

Dépasser ses limites, ses peurs, sa paresse, c'est sortir de son confort en se donnant les moyens de se réaliser, plutôt que des excuses qui vous ont amené là où vous en êtes actuellement...

Quelles seront les raisons positives qui nourrissent votre détermination à changer afin d'aller vers le meilleur de vous?

"Le travail de la guérison, c'est de déployer les ailes qui vous ont été données?"

~Marc Vella~

Ma charte de vie

Du plus loin que je me souvienne, je voulais... vivre en accord avec moi

M'émerveiller de ce qui m'entoure. Être authentique et avoir une vie qui me ressemble

Repousser mes limites

Grandir en conscience

Avoir le regard de la grâce

M'entourer d'amour et en donner

Honorer qui je suis et me respecter

Tous les jours, je m'entraine comme une danseuse à sa barre...tous les jours!

Il n'y a pas de compromis possibles dans cette charte du positionnement...

Ce serait me compromettre à mes propres yeux! C'est un engagement entre moi et moi.

Et vous, quels sont vos engagements, les yeux dans les yeux?

Se sentir exister!

Vous sentez-vous "exister" en dehors de tout identifiant social?

Je connais des personnes qui, lorsqu'elles se font faire un ourlet de pantalon, et qu'on leur demande leurs coordonnées, éprouvent le besoin de préciser Dr Dupont, Maître Dupont... D'autres qui ont besoin du dernier coupé de chez Mercédes...etc...

La bonne nouvelle est qu'il n'y a pas besoin d'"avoir' pour exsiter!

D'autres se hasarderont à "faire" quelque chose qui les identifiera comme uniques!

L'autre bonne nouvelle est qu'il n'y a pas besoin de' faire' pour exister!

Au risque d'ébranler certaines de vos croyances, il n'est besoin que d'Être pour exister!

Nul besoin de nom connu, de titre honorifique ou de biens prestigieux: ils ne sont que des outils...des moyens à court terme!

Celui qui existe n'éprouve pas le besoin d'approbation ni le désir de faire des envieux. Il vit son aventure personnelle, donnant du sens à ce qui l'habite, explorant ses talents, nourrissant son potentiel, cultivant son jardin avec tous les "hasards" merveilleux que la vie met sur son chemin.

Il sait lire les synchronicités bienvenues, voit "l'apprentissage" derrière l'épreuve; choisit d'y répondre en congruence avec ses pensées et ses actions.

Il sait que tout est cadeau, et qu'il lui appartient de créer une vie qui lui ressemble, qui rassemble ses valeurs.

Dès lors, tous les gestes qu'il posera seront cohérents, justes, inspirés par cette intégrité et cette authenticité.

Il est droit, ayant acquis ou restauré l'image qu'il avait de lui même...

Il se fait confiance, cherchant ses réponses en lui.

Il sait que personne ne peut savoir ce qui est bon pour lui.

Il se donne réponse en être responsable.

De son unicité, découle naturellement le faire et l'avoir qui lui sont destinés.

Comment vous sentez-vous exister?

N'oubliez pas, nous sommes tous en devenir...

Que me dit mon ♥?

Plus que la raison, le coeur a ses raisons, le corps, ses émotions où la raison n'a pas sa place!

La raison exprime le raisonnable, le sécuritaire... le coeur dit son ardeur à s'enflammer pour la vie!

S'il balance entre les deux, voici un joli exercice afin de ne plus vaciller!

Dessinez un grand coeur sur une feuille blanche, centrez-vous un instant et demandez-vous quel est le message de votre coeur en l'instant présent...

Puis, laissez-vous porter par vos intuitions et dessinez, colorez, écrivez sur votre coeur, les messages reçus.

Terminez juste par une phrase: mon coeur me dit....

Miroir...

L'effet de miroir, dans toute relation, nous permet de voir en l'autre, ce que nous possédons en nous, qui ne demande qu'à s'éveiller!

Cet effet miroir fonctionne également lorsque nous regardons un film, qu'un personnage nous retient par la main... ou dans un livre où nous nous identifions à l'un des personnages.

L'exercice ludique que je vous propose de faire a pour but de réveiller l'estime que vous avez en vous.

.Choisissez un personnage qui vous a marqué et listez les aspects positifs de sa personnalité qui vous ont interpellés. (Ceux qui ont lu mes livres peuvent faire l'exercice en s'appuyant sur un des personnages.)

.Pourquoi vous a-t'-il attiré?

.Attribuez-vous cette attitude et imaginez-vous vivre une situation de votre quotidien mettant en évidence cet aspect.

.Que ressentez-vous?

.Reconnaissez-vous votre reflet, même s'il vous semble encore flou?

.Que lui diriez-vous s'il était votre meilleur ami?

.Que vous répondrait-il?

Aimeriez-vous épanouir cet aspect de vous?

Je vous accompagne pas à pas dans votre objectif.

Elargir son champ de conscience...

Souvent, notre famille nous transmet des habitudes, des croyances nous limitant dans un cadre trop étroit.

Il est parfois difficile de les cerner tant elles font partie de nous!

Toutefois, si vous vous sentez à l'étroit dans votre vie, demandez-vous quelle est la porte que vous ne vous autorisez pas à pousser afin d'élargir votre champ de conscience?

Quelle est la peur qui vous habite?

Quelle croyance nourrit votre peur?

A moins que vous ne vouliez reproduire la vie de vos parents, osez sortir de vos limites virtuelles afin d'expanser votre vie!

Le mental!

~Peinture de Victor Nizovtsev~

Fais attention à tes pensées, car elles deviendront des paroles.
Fais attention à tes paroles, car elles deviendront tes actes.
Fais attention à tes actes, car ils deviendront tes habitudes.
Fais attention à tes habitudes, car elles deviendront ton caractère.
Fais attention à ton caractère, car il est ton destin

Il est temps que le mental baisse la voix... il prend tellement de place dans nos vies! Il nous met dans un état d'insatisfaction permanent, voulant toujours plus!

Il juge, compare, critique! Son aspect positif est de nous pousser vers le meilleur, en nous remettant en question.

Toutefois, il a la fâcheuse capacité à nous envahir de doutes et d'aviver nos peurs... en se concentrant sur nos peurs réccurentes!

On pourrait le comparer à une mère trop protectrice, qui nous étouffe à force de nous mal-aimer. Il dit: c'est pour ton bien!

Toutefois, ne savez-vous pas au fond de vous ce qui est bon pour vous?

Ou bien , êtes-vous complètement baillonné?

Dialoguer avec lui consiste à le rassurer sur nos capacités plus grandes qu'il n'y parait!

Lui dire aussi que vivre des échecs est un apprentis-sage destiné nous grandir. En faire son partenaire en le nourrissant de ce qui nous fait sens, de notre confiance en la vie...ne pas lui laisser semer le doute afin qu'il ne nous envahisse pas de pensées négatives, nous auto-sabotant!

Le mental se nourrit de ce qu'on lui donne; ussi veillons au contenu de nos pensées.

S'ouvrir à notre divinité...

Dernièrement, une des merveilleuses personnes que j'accompagne me demanda:

" Que voulez-vous dire par ego?", je fus alors tentée de lui répondre ainsi: L'ego est la voix en nous animée par la critique, le jugement, la jalousie, la usceptibilité, la méfiance, l'agressivité, la colère, la peur...

Lorsque nous sommes alignés à notre partie divine, à l'Amour, nous pensons en terme d'acceptation, de lâcher-prise, de gratitude, de tolérance, de générosité...

Ecoutez-vous penser, dire et vous saurez alors quelle voix vous habite?

Dès que vous vous relierez à l'Amour, vous sentirez la paix vous illimiter.

Le bonheur est dans cette paix de l'Amour!

Se faire serment...

"On peut tout te prendre: tes biens, tes plus belles années, l'ensemble de tes joies et l'ensemble de tes mérites, jusqu'à ta dernière chemise. Il te restera toujours tes rêves pour réinventer le monde que l'on t'a confisqué."

~Yasmina Khadra~

Nos rêves sont l'expression de notre âme: ils nous parlent de notre essence, de nos valeurs. De notre essentiel !

Certains croient que rêver consiste à délirer doucement en chimères utopiques...alors qu'il peut être une force en mouvement, une création qui se vit au jour le jour!

Certains croient que le mot "objectif" est un devoir, une obligation que l'on se doit, un peu comme les résolutions dites avec ferveur le 1er janvier, et oubliées le 1er février!

Et si l'on se faisait promesse de suivre le chemin qui nous relie à notre source vive!

Comme un serment d'amour à nous-même...

Quelles promesses aimeriez-vous vous faire?

Quelle aptitude avez-vous besoin de développer?

Vous faire lumière!

"Les gens ont tendance à endurer le connu plutôt que de se lancer dans l'inconnu, même si celui-ci peut contenir la solution de leurs problèmes."

~Satya Narayana Dasa~

Connaissez-vous ce vertige au bord de votre désir qui vous fait vaciller entre rêve et réalité, autrement dit entre émotion et raison?

La raison vous retient par les pieds de vous envoler vers votre étoile...mais votre enthousiasme s'étiole, votre sourire sur la vie se fâne, votre lumière s'éteint.

Qui choisirez-vous d'écouter?

Ce qui vous sécurise?

Ce qui vous vibre?

Allez-vous vivre dans votre lumière, ou dans l'ombre de vos pas?

Posez-vous les bonnes questions afin de choisir ce qui vous est essentiel?

Votre réponse est en vous: laquelle choisirez-vous de nourrir?

Si vous désirez être confortée dans votre choix, je vous accompagne dans votre pas à pas.

Adressez-moi une lettre de motivation et votre attente de cet accompagnement:

Clarifier vos pensées?

Pouvoir choisir?

Être en congruence avec votre choix? ...

Oser vivre sa vie!

"Lorsqu'un être humain commence à choisir ce qui le réjouit et crée du bonheur en lui, il initie un véritable changement. Il peut alors savourer un rapport à la vie plus intense et plus amoureux."

~Guy Corneau~

Choisissons d'orienter nos pensées vers ce qui nous touche, nous passionne, nous fait la vie belle!

Choisissons de faire ce que nous aimons, le plus souvent possible.

Et si un secteur de notre vie ne vous convient pas ou plus, faites-le évoluer.

.Evaluez ce qui vous est agréable et quels sont les avantages liés à celui-ci: a sécurité, l'habitude, le profit, etc...

Imaginez-nous maintenant changer la situation: déménager, changer d'emploi...

.Quels sont les sentiments ressentis?

La libération, la légèreté, ou la peur, la tristesse...etc

. Listez tous les aspects positifs de changement de situation.

.Imaginez-vous vivre ce renouveau durant une journée!

Savourez cet espace agréable que vous créez en vous.

Ressentez le bien-être qui vous habite.

.Centrez votre attention sur toutes les ressources que vous avez en vous.

. Investissez-vous dans l'édification de votre objectif: chaque jour, vibrez votre perspective et posez des actions même infimes à vos yeux, qui le mettent en vie.

Tout changement passe par ces étapes nécessaires à son harmonie. La transformation passe d'abord en soi avant d'être extérieure...

"Le plus difficile dans la vie est d'oser la vivre pleinement."

~**Jacques Salomé**~

Entre raison et intuition...

Ecoutez-vous davantage votre petite voix ou la voix de votre raison?

Bien souvent, c'est notre mental qui nous gouverne...presque à notre insu!

Nous lui faisons confiance car il semble répondre à toutes nos questions.

Il nous sécurise, répondant à nos peurs... Lorsque la réponse semble nous convenir, nous suivons la voix du raisonable.

Notre petite voix ne parle pas avec les mots; Elle s'exprime en émotions, en ressentis.

Nos émotions disent notre bien-être, notre mal-être... Elles nous déstabilisent, nous perturbent; notre corps les traduit!

Heureusement le mental contrôle la situation!

Il gère, masque, lisse les émotions, nous rend socialement correct.

Il rassure, pourvoyant à notre sécurité. Malheureusement... il passe à côté de ce qui nous correspond!

Lorsque vous faites silence en vous, votre petite voix intérieure vous guide et vous relie à votre essence.

Entendez son message...et faites-lui confiance!

Acceptez de lâcher-prise et d'accueillir ce qui vient.

Notre petite voix sait tout de nous. Elle est messagère de notre âme.

C'est se trahir que de ne pas l'entendre!

Pourquoi changer?

Parfois, certains d'entre vous me demandent comment changer?

Le changement s'amorce déjà dès que vous voulez changer! Inconsciemment, vous avez planté la graine du changement que vous allez arroser de toutes les actions que vous allez entreprendre.

Dès que l'esprit est relié à son objectif, les pensées créent les actions à venir!

Ne vous demandez pas "comment", juste demandez-vous" pourquoi"?

Quelle est votre motivation à vouloir ce changement?

Que cette motivation soit votre force afin de vous guider vers votre étoile.

Laissez l'Univers vous inspirer et créer le chemin... osez pousser les portes entrebaillées!

Les réponses sont en vous, sous les masques censés vous protéger, sous les croyances qui vous servent de repères...

Pourquoi changer? (2)

Pourquoi changer si ce n'est pour vivre en harmonie avec soi? Se sentir reliée à ce qui vous fait sens?

Vous faire alliance? Vivre en bien-Être?

Oser vivre le meilleur? Être votre meilleur ami?

Créer un futur qui vous correspond? Vous respecter et vous honorer dans vos attentes?

Combler vos manques?

Mettre du plaisir, du bonheur dans votre vie?...

A toutes ces questions légitimes, une seule réponse s'impose!

Nourrir votre état intérieur afin de pétiller, rayonner votre Être.

Lorsque vous ne vous sentez plus amoindri par une personne, une situation, vous dégagez autour de vous une lumière attractive!

Lorsque les autres ont le pouvoir de nous saper l'énergie, cela révèle notre fragilité à rayonner qui nous sommes.

Changer, c'est se donner le pouvoir de vivre sa plénitude. C'est abandonner l'idée d'être parfait selon des critères aléatoires et travailler à devenir soi-même!

C'est juste donner sens à sa vie...

"Les grandes choses ne sont pas faites par élan, mais par une série de petites choses réunies."

~**Vincent Van Gogh**~

Un pas après l'autre...

Vous aimer!

♥*Illustration de Loetitia Pillault.*♥

Quelle personne devez-vous être afin que naisse votre rêve?

La perception que vous avez de vous est déterminante quant à la réalisation d'un rêve.

Le regard que vous posez sur vous crée votre vie. N'attendez pas l'approbation de vos proches; ne vous regardez pas à travers leur regard.

Ne soyez pas dans l'attente de leur plaire, afin de vous sentir aimé... Ne vivez pas dans leurs attentes qui ne sont pas les vôtres.

Ne vous demandez pas ce que l'on pense de vous.

Dès que vous souhaitez plaire aux autres, leur faire plaisir en ne suivant pas les chemins de votre coeur, vous vous abandonnez... vous vous désaimez.

Comment peut-on être rayonnant lorsque l'on n'est pas apprécié pour qui l'on est intimement?

Comment se sentir aimé par vos proches, s'ils ne connaissent que votre ombre?

Demandez-vous ce que vous voulez vivre afin de vibrer la vie de la plus heureuse des façons. Soyez aimé pour qui vous êtes!

.Comment vous sentez-vous dans votre quotidien?

. Vivez-vous ce qui vous habite réellement?

.De quoi avez-vous besoin afin de vous sentir vivre, non survivre?

Décidez d'être avec vous, non contre vous!

"Rechercher la permanence de soi dans le regard des autres, c'est comme tenter de fabriquer un emplâtre avec du vent."

~**Guy Finley**~

Les mots d'amour que l'on oublie de dire...

Aujourd'hui, j'ai envie de vivre une journée de gratitudes, de reconnaissance de soi, de l'autre aussi... Qu'il soit près de nous ou d'ailleurs.

Au-delà du quotidien qui brise parfois l'enchantement, brouille la vue de la magie de l'autre, écrivons une carte à chacun de nos proches.

Dessinons un soleil dont le nom, la photo de la personne serait le coeur. Autour de ce centre, écrivons en rayons solaires:

-Les qualités que vous aimez chez lui, chez elle, chez vous aussi.

- Les talents que vous lui reconnaissez.

-Comme il vous étonne merveilleusement lorsque...

-Les mots que vous aimez lui entendre dire.

-Ce que vous avez envie de lui dire...

Osez ouvrir votre coeur!

Il n'est rien de plus important que de témoigner de son amour, de sa tendresse par de petites attentions. Comme une caresse du coeur, comme un sourire de l'âme...

Vous êtes-vous fidèle?

Cette question peut troubler l'apparence lisse des choses, tant elle touche à l'intégrité de notre être...

Elle parle de notre authenticité à vivre en relation intime avec nos valeurs!

Celles auxquelles on ne peut déroger, sans avoir l'impression de se compromettre.

- Posez-vous un moment et demandez-vous quelles sont les valeurs fondamentales qui vous animent?

Classez-les ensuite par ordre afin de n'en garder que deux ou trois qui correspondent à votre essence, à votre authenticité.

Être fidèle à ses valeurs, c'est se respecter.

C'est s'honorer dans la congruence entre nos pensées, nos paroles et nos actions.

C'est se traiter comme l'on aimerait que l'on nous traite...

Osez!

Sur quoi vous concentrez-vous dans la vie? Réfléchissez, la question est d'importance...

La réponse donne un aperçu de vos valeurs, de ce qui vous fait sens!

. Comment vous célébrez-vous chaque jour?

Je vous imagine quelque peu déconcerté par cette question, mais pourquoi attendre une date de fête programmée pour se faire fête?

.Que célébrez-vous chaque jour?

Ce peut-être les premières fleurs de forsythia amorçant l'arrivée progressive du printemps... ou les petits pas que vous faites vers vous afin d'oser vivre le meilleur!

.Qu'est-ce qui vous rend bienheureux?

Ecrivez tout ce qui vous fait petit et grand bonheur!

Comme dit la publicité: "Ouvrez les yeux, l'inspiration est partout"!

Choisissez d'être heureux, le bonheur est déjà dans cette intention!

Votre talent!

♥ *Sculpture merveilleuse de Jurga Martin*

Je pose souvent une question qui déconcerte les personnes que j'accompagne, notamment, lorsque nous restaurons l'estime de soi amoindrie, le manque de confiance en soi ou dans le cadre d'une reconversion professionnelle.

"Quel est votre talent particulier?"

Le talent n'est pas issu d'un apprentissage, mais d'un don qui vous appartient, d'une aptitude naturelle que vous avez depuis l'enfance; pour certains, c'est la musique ou la peinture, pour d'autres c'est l'esprit d'organisation, le contact facile ou avoir "la main verte"... pour vous, c'est naturel, pour d'autres, c'est précieux!

N'hésitez pas à le cultiver, à le nourrir et à le proposer autour de vous.

Il est l'expression naturelle de la personne que vous incarnez.

Choisir...

Vous arrive-t'il d'avoir des moments d'indécision, à osciller entre le "oui" et le "non"? Un pas en avant, un pas en arrière, et un soupir!

Lorsque j'hésite entre deux choix, je me demande toujours :

.Lequel va dans le sens de l'Amour?

.Lequel exprime qui je suis?

.Lequel va vers mon bien-Être?

.Lequel va me mettre en joie?

La réponse doit être un "OUI" jaillissant! Elle doit venir de votre coeur, non de votre mental...

Et vous, comment faites-vous?

Comment vous aimez-vous?

Comment vous aimez-vous?

Je vous sens quelque peu embarrassé: la question est dérangeante... on aimerait l'éluder!

Répondre trop rapidement " bien" pour passer outre... mais Charlotte insiste!!!

Avez-vous besoin de vous sentir approuvé, de vous croire important pour vous sentir bien?

Avez-vous le sentiment de votre propre valeur?

Entendez-vous vos besoins dissimulés derrière vos désirs?

Répondez-vous à vos attentes afin de vous respecter?

Pourriez-vous être votre meilleur ami?

Que vous diriez-vous si vous l'étiez?

Engagez le dialogue entre "vous" et" vous meilleur ami":

Que vous dirait-il?

Que vous conseillerait-il?

Comment accueillez-vous ces conseils?

Que ferez-vous aujourd'hui pour exprimer la personne que vous êtes, lorsque vous transformerez votre chenille en papillon?

Quel sens donnerez-vous alors à votre vie?

Nous avons tous un merveilleux papillon en nous, l'ignorons parfois...

Réussir sa vie!

Réussir sa vie...depuis les portes de l'enfance, ces mots mettent la pression! Ils sous-entendent le plus souvent une réussite matérielle et les avantages engendrés.

La quête est la reconnaissance de soi et l'approbation que l'on nous accorde. Alors, on performe, on compétitionne! On y perd parfois ses couleurs, parfois même son âme... Suivant les âges de notre vie, réussir sa vie prend une autre dimension.

On se demande parfois comment déployer ses racines, déployer ses ailes vers une autre forme d'accomplissement.

Vient un temps où Vivre sa vie prend tout son sens! Et c'est se mettre au monde dans sa renaissance.

Réussir sa vie devient la vivre pleinement, l'apprécier dans son présent; il ne s'agit plus de montrer, prouver, se justifier, performer à l'infini; il s'agit de renouer avec son essence, d'extraire sa quintessence, de vibrer ce qui fait sens et de s'ouvrir à d'autres perspectives.

C'est s'entendre dans ses valeurs, ses idéaux. C'est se sentir merveilleusement vivant!

Et vous, quel rêve vous habite jour ☼ et nuit*?

L'entendez-vous?

L'accueillez-vous?

Le nourrissez-vous?

Le mettez-vous au monde?

Un rêve à vivre est un cadeau que l'on se fait afin de s'aimer.

Je vous accompagne dans sa réalisation, pas à pas... c'est juste beaucoup de bonheur!

L'envie met en vie!

Il est des jours un peu palots où l'envie n'y est pas...envie de rien. Pour ces jours un peu ternes, un peu vides, je vous propose de prendre une feuille dans le sens de la largeur et d'écrire au centre, en couleur, en grand, les mots "Avoir envie".

Choisissez un morceau de musique douce, fermez les yeux un moment et laissez-vous imaginer tout ce que vous pourriez avoir envie d'être.

De quoi avez-vous envie?

Notez tout ce qui vous vient autour de ces mots comme si vous dessiniez les rayons du soleil!

Qu'ils soient colorés, vibrants, lumineux! Osez-dire vos envies!

Vous êtes ce soleil!

Je vous donne juste deux , trois envies que je cultive assidument afin de vous donner l'élan!

Envie de vivre le meilleur...Envie de rire...Envie de danser...

A vous!

Rayonner magnifiquement...un état négatif!

Un petit exercice destiné mettre du ☼ dans les yeux les jours de peu!

Lorsque vous êtes habité par les émotions négatives, les sentiments lourds, écrivez-les comme ils vous viennent sur une feuille de papier...

Déchirez-là en menus morceaux, "comme si" vous vous débarrassiez, et collez-les sur l'envers d'un carton.

Sur une autre feuille, écrivez l'état que vous avez envie de vibrer...

Exemple: vous êtes en colère, ne cessez de la ruminer ; de fulminer! vous pouvez la pivoter en: je lâche-prise, accueille le présent et vois la leçon sous cette exprérience.

Peignez-les en couleurs rayonnantes, recouvrez-les de gesso, laissez-sécher.

Puis écrivez au feutre noir les phrases positives, quelle que soit la calligraphie.

Faites-vous plaisir!

Notez tout ce que vous ressentez de lumineux, de joyeux...

Comment vous sentez-vous?

La magie des mots!

Les mots sont mes amis depuis toujours... enfant, je faisais collection de mots jolis, ceux qui chantaient beau!

Depuis, je les vibre et les vis, les danse et les rit... Rien de tel pour se relier à soi que de se demander:

.qu'est-ce que je veux mettre dans ma vie, en un mot?

.De définir le programme du jour en trois mots-valeur, émotions...

.De connecter son désir en le nommant chaque jour, tel un Sésame...

.De se choisir un mot de passe qui nous ouvre la belle humeur!

.De leur donner une couleur! Une forme, un destin...

Vous relier à l'intime de vous...

Il est des atmosphères en nous qui en nous résonnent, nous colorant merveilleusement... Elles peuvent suggérer un désir cachant un besoin. Elles peuvent aussi évoquer tel un miroir le reflet de qui nous sommes profondément.

Je vous suggère de glaner des images sur Internet, dans des magazines, et de créer Votre album, celui qui vous ressource, qui vous relie à vous-même instantanément, comme une évidence!

N'émettez aucun jugment lorsque vous choisissez vos images, laissez-vous juste porter par la sensation d'être bien dans ce cadre... d'être à votre place!

Lorsque vous aurez réuni quelques images, mettez un titre à votre album!

Ajoutez quelques mots évoquant ce qu'il vous suggère, ce qu'il vibre en vous.

Laissez-vous muser!

Quels sont vos besoins?

Vous est-il arrivé dernièrement de vous irriter d'un "presque rien"? Vous n'avez pas aimé la façon dont on vous parlait, par exemple... Vous êtes-vous demandé le besoin caché derrière votre colère larvée?

Etait-ce un besoin de respect, de reconnaissance, de compréhension, de liberté, de solidarité, d'amour...?

Quelle est la blessure ancienne qu'elle ressuscite en vous? Une trahison, un rejet, un abandon...?

Écrivez sommairement une phrase évoquant votre blessure, votre besoin. Et ce que vous aimeriez vivre!

Ex: Enfant, mes parents ne m'ont jamais complimenté sur mes résultats.

Je me sentai rejeté. J'éprouve un besoin de reconnaissance. J'aimerais que l'on soit fier de moi.

Dessinez un symbole en couleurs de l'émotion que vous aimeriez vivre... et donnez-lui un titre

Que ressentez-vous?

Le tableau d'amour!

Un petit exercice ludique, délicieux, que j'aime beaucoup donner lors de certains accompagnements... Le tableau d'amour vous permet d'être une bonne mère pour vous, tout en tendresse, tout en messages positifs qui vous rayonnent.

Prenez une photo de vous en pied, une que vous aimez bien.

Photocopiez-la et collez sur une feuille cartonnée assez grande, vous permettant de pouvoir écrire des messages tout autour, sous forme de bulles: des questions que vous vous posez, des choix possibles, des rêves qui vous vibrent, des messages d'encouragements, des affirmations, une citation qui vous parle, votre mot sésame... Les mots qui nous définissent, que nous incarnons... peuvent vous aider...

Vous pouvez aussi choisir de l'illustrer par des collages, des couleurs...

Tout est possible dès lors que vous vous donnez de l'Amour, de la beauté et de la Joie.

Offrez-vous cette douceur et laissez parler votre ♥ ouvert...

Que ressentez-vous?

Vous pouvez mettre ce tableau en fond d'écran de votre ordinateur personnel, de votre téléphone...

Le germe de notre devenir est en nous...

Il arrive parfois qu'un rêve vive des difficultés nous mettant la pression.

Certaines limites sont plus difficiles que d'autres à franchir.

Certaines résistances nous culpabilisent, nous stressent, dans la mesure où nous nous sentons impuissants à les résoudre: tout n'est pas toujours de notre ressort!

Néanmoins afin de rester dans l'élan, dans la vibration de la perspective à créer, pensez toujours à faire des actions terre à terre qui sont toujours un pas vers ce qui sera.

Pas après pas, tout arrive à son terme.

Cela dit, le vrai but n'est pas seulement de vivre son rêve, mais d'Être la personne qui doit l'incarner. Les résistances rencontrées sont parfois des passages obligés, des délais nécessaires afin de devenir la personne qui sommeille encore en nous.

Le rêve est l'étoile qui brille en nous. Et cette étoile est le fruit d'un germe qu'il nous faut arroser afin de le faire croître...

Je vous accompagne dans cette perspective, dans vos pas à pas vous ouvrant le chemin, tout voyage commençant par un pas.

Entendre son ♥ vous dire...

Est-ce le mental qui régit votre vie?

Est-ce le contrôle qui maîtrise votre vie, celle de vos proches?

Vous savez cette petite voix insidieuse qui vous interdit, vous empêche de faire ce que votre élan aimerait faire...cela vous parle? Il aime à interdire!

La peite voix de notre ego nous crie "c'est mal", afin de nous faire sentir coupable si nous transgressons l'interdit!

Le besoin de contrôler vient toujours de notre ego, jamais de notre coeur!

S'aimer véritablement, c'est s'autoriser à dépasser ses limites, à faire des choix différents et à s'accepter.

C'est oser "être" en expérimentant de nouvelles façons d'envisager sa vie.

C'est vivre des choix, donc des renoncements!

C'est juste être aligné en soi afin de penser, dire, faire, avoir ce qui résonne en nous...

Vous seul pouvez décider de choisir ce que sera votre vie: offrez-vous cet acte d'amour de vous!

Que choisissez-vous de vivre?

Le trésor caché en vous...

"L'avenir, tu n'as point à le permettre mais à le permettre."

~Antoine de Saint-Exupéry~

Ces mots vous parlent-ils?

Je rencontre parfois des personnes ayant un rêve fabuleux, qui leur va si bien que leur regard s'étoile lorsqu'ils osent l'exprimer.

L'étincelle s'éteint lorsqu'ils concluent: ce n'est qu'un rêve! Un impossible rêve...

Tous les rêves sont d'abord d'impossibles rêves; marcher sur la lune en fut un!

Il fallut juste y croire assez pour mettre le rêve en vie, poser toutes les actions indispensables à sa réalisation, s'autoriser à le vivre...

Et vous, quel est votre impossible rêve, celui qui vous illumine la minute, lorsque vous vous permettez d'y penser...? il attend juste que vous vous permettiez de l'accueillir!

Que vous vous autorisiez...

Ecouter son coeur!

Il arrive parfois que des désirs nous viennent, que l'on aime à caresser sans y croire vraiment, tant ils nous paraissent "trop"!

Trop beaux, trop grands, inconcevables, irréalisables, pas pour nous, dit le mental rabat-joie! Ne l'écoutez pas davantage, il vous tuerait votre rêve! Ne vous demandez même pas comment il se concrétisera.

Demandez-vous juste pourquoi il vous correspond si bien... Puis fixez votre attention sur la vie que vous désirez créer et voyez-vous la vivre!

Ne restent que les petits pas à faire sur le chemin de votre objectif afin de le faire naître.

Ecoutez votre coeur vous dire que vous êtes sur la bonne voie: la vôtre!

Vous n'avez jamais été aussi heureux!

Je vous accompagne sur ce chemin, à votre rythme. Edifier un rêve est une renaissance de soi!

Un chant d'amour... C'est faire pousser la graine que vous avez germé...

Nous récoltons ce que nous semons

"La vie en elle-même est une toile vide, elle devient ce que vous peignez dessus. Vous pouvez peindre la misère, vous pouvez peindre la joie. Cette liberté est votre splendeur"

~Osho~

La plus belle des rencontres n'est-elle pas avec soi-même?

Afin de vivre la vie que vous aimeriez vivre, vous devez d'abord "être" la personne qui l'incarne dans vos croyances, dans vos valeurs... vous pourrez dès lors modeler, ciseler votre vie afin qu'elle vous ressemble.

Qu'aimeriez-vous vous écrire afin de vous projeter dans votre futur?

Comment vous voyez-vous?

Comment voyez-vous votre vie demain?

Écrivez au présent, comme si vous étiez déjà la personne que vous aimeriez être, vivant votre harmonie.

Les graines sont en vous, il vous appartient de les semer.

Poussez la porte de vos rêves!

Vous êtes-vous déjà demandé quelles étaient les émotions qui se cachaient derrière votre rêve à vivre?

Posez-vous une minute, et réfléchissez !

On ne construit pas sa vie avec des abstractions, mais avec nos émotions, nos sentiments...

- Quel est votre "pourquoi" émotionnel?

La réussite de vos rêves naît de cette reconnaissance.

"Il n'y a pas de vent favorable à celui qui ne sait où il va."

~Sénèque~

Table des Matières

Osez être!..1
Réussir sa vie!...3
Exprimez qui vous êtes!...4
Le livre de notre vie..6
L'envol!...7
Se ressourcer..9
Inviter le bonheur!...10
Lorsque l'en vie crée nos envies..12
Atteindre son étoile..13
Être heureux..15
Vivre, c'est créer!..17
Le sentiment de bonheur..18
Faire de sa vie une oeuvre d'amour...20
Prendre son pouls!...22
Qui êtes-vous vraiment?...23
Oser aller vers soi...25
S'ouvrir au renouveau..26
Prendre rendez-vous avec soi..28
Nous sommes tous en devenir de qui nous sommes..........................29
S'autoriser à oser!...30
Faire son miel d'une douleur..31
Le poids des influences!..32
Avoir, Faire...Être...34
Demain sera notre oeuvre à créer!..35
Croire en ses rêves!...36
Mettre en vie ses rêves!...37
Votre vie, telle un jardin..38
Vivez ce qui vous vibre!..39
Quelle est votre raison d'Être?...40
Comment vous sentez-vous?..42
De la chrysalide au papillon..44
Comment vous voyez-vous?..45
Se fixer des objectifs!..46
Osez vivre le meilleur!..47
Se projeter dans la vie...49
Se projeter dans la vie...(2)..51
L'effet miroir!...52
Votre meilleur ami!...54
Chercher notre lumière dans notre part d'ombre!.............................55
Oser le changement!..56
Ma charte de vie..58
Se sentir exister!..59
Que me dit mon ♥?..61
Miroir...62

Elargir son champ de conscience..64
Le mental!..65
S'ouvrir à notre divinité..67
Se faire serment..68
Vous faire lumière!..69
Oser vivre sa vie!..71
Entre raison et intuition...73
Pourquoi changer?..75
Pourquoi changer? (2)..76
Vous aimer!...78
Les mots d'amour que l'on oublie de dire...80
Vous êtes-vous fidèle?..82
Osez!...83
Votre talent!...85
Choisir...86
Comment vous aimez-vous?...87
Réussir sa vie!..89
L'envie met en vie!..91
Rayonner magnifiquement...un état négatif!..93
La magie des mots!..94
Vous relier à l'intime de vous..95
Quels sont vos besoins?...96
Le tableau d'amour!..97
Le germe de notre devenir est en nous..98
Entendre son ♥ vous dire..99
Le trésor caché en vous..101
Ecouter son coeur!..102
Nous récoltons ce que nous semons..103
Poussez la porte de vos rêves!...104

Oui, je veux morebooks!

i want morebooks!

Buy your books fast and straightforward online - at one of world's fastest growing online book stores! Environmentally sound due to Print-on-Demand technologies.

Buy your books online at
www.get-morebooks.com

Achetez vos livres en ligne, vite et bien, sur l'une des librairies en ligne les plus performantes au monde!
En protégeant nos ressources et notre environnement grâce à l'impression à la demande.

La librairie en ligne pour acheter plus vite
www.morebooks.fr

VDM Verlagsservicegesellschaft mbH
Heinrich-Böcking-Str. 6-8   Telefon: +49 681 3720 174   info@vdm-vsg.de
D - 66121 Saarbrücken   Telefax: +49 681 3720 1749   www.vdm-vsg.de

www.ingramcontent.com/pod-product-compliance
Lightning Source LLC
Chambersburg PA
CBHW031255230426
43670CB00005B/193